Copyright ©2000
Centering Corporation
All Rights Reserved
Revised 2015

ISBN: 1-56123-135-5
SAN: 298-1815

Centering Corporation

Phone: 1-866-218-0101

Fax: 402-553-0507

Email: centeringcorp@aol.com

**Website: www.centering.org**

# Since My Brother Died

# Desde Que Murió Mi Hermano

By Marisol Muñoz-Kiehne

Illustrated by Susanna Pitzer

*Dedicated to Sebastian and Sergio–*
*May you always live in each others' hearts as brothers*
*as your Mama and I will as sisters*

# A Note to Parents and Caregivers

The death of a child is one of the most difficult and painful experiences a family may face. Upon the death of a child, parents often feel physically ill and weakened, mentally confused and bewildered, and emotionally overwhelmed and dismayed. So do the siblings of the deceased child, even though they may show it differently.

In their efforts to protect the surviving children from experiencing the distress that comes with mourning, many parents and other well-intentioned adults do not respond to the grieving siblings in a supportive and helpful way.

For example, the parents may worry excessively about the safety and well-being of the surviving children and may become overprotective, to the point of restricting the children's normal activities. This response is understandable, but conveys fear and insecurity to the children. It is generally preferable that children's routine be maintained as much as possible.

However, acting as if nothing significant has happened is another mistaken approach to relating with grieving children. If adults put on a "fake smile" and avoid talking with the children about the deceased sibling, the children may mask and "swallow" their own emotions. Children tend to follow their parents' lead. If the parents start the conversation, the children will likely open-up and eventually will share their questions, thoughts, and feelings about the death of the sibling.

The child in this story tells about some ways children tend to respond to the death of a sibling: disbelief, anger, guilt, sadness, numbness, confusion, physical complaints, school avoidance, regressed behaviors, and fears. There may also be periods when the children seem "just fine." It is crucial to remember that, as individuals, each child will grieve in his or her unique way. As adults we should allow them to feel however they feel, and provide them with opportunities to express their experiences in ways that promote healing.

There are many paths to healing for children, as there are for adults. Some children, like the child in this story, may be inclined toward expressive arts, such as drawing, painting, molding with clay, or playing music. Others may be drawn to physical activities, such as playing sports or dancing. Yet others may quietly write on a journal, engage in building models, create craft projects, or science experiments. Indeed, play is the language and work of young children, and it is through play that they work through issues in their lives, including those related to grief.

Rituals can also help grieving children. It is recommended that parents consider including children in the ceremonies and religious services practiced by their family, culture, and faith communities.

Another way of facilitating children's grieving process is by asking them what questions they have, and responding to these according to their age and understanding level, always honestly. Sometimes the best answer is "I don't really know." For guidance in addressing grieving children's questions and difficulties related to the death of their sibling, parents and other concerned adults can engage trusted sources, such as spiritual leaders, teachers, and counseling professionals.

It is very important that all family members receive attention and support as they undergo the long and complex process of grieving the loss of a loved one.

## A Note to Teachers and Counselors

The sibling relationship is one of the most significant ones in a person's life, especially during childhood's formative years. The death of a sibling has a powerful impact on the surviving children's mental health and overall psychological development. It can affect their sense of personal safety and security, their openness toward emotional attachment, and their ability to concentrate on schoolwork.

Teachers and counselors can help and support a grieving child through the mourning process. They can offer the child opportunities to "talk about it," in private, in class, and/or in groups of children going through similar loss experiences. They can recommend and implement any necessary educational accommodations. They can also pursue assistance for the family if the grief-stricken parents or caregivers are unable to appropriately attend to the child's basic needs. And they can use books like this one, providing examples of some common reactions to the death of a sibling, and prompting the child to express his or her experiences.

If a child's bereavement appears complicated by signs of clinical depression (such as persistent and pervasive sadness or irritability, disturbances in eating or sleeping patterns), and/or if the child seems so distraught as to engage in self-destructive behaviors or violent acts, evaluation by qualified mental health professionals is recommended.

Since my brother died, everything is different.  People have changed.  I have changed.

When people come over to visit now, they look all serious and sad. They speak quietly with my parents. They put on a smile and ask to play with me.  They talk about anything but my brother.

When I first learned my brother had died, I thought I'd heard wrong.  It couldn't be true.  I kept asking different people if they had seen my brother lately. Finally I stopped asking.  I just wanted him to show up and prove them all wrong.  I wanted it all to be a bad dream. It was like a nightmare.

―――――●―――――――――――――――――――――――――――――――●―――――

Desde que murió mi hermano, todo es diferente.  La gente ha cambiado.  Yo he cambiado.

Cuando alguien viene a visitarnos ahora, lucen serios y tristes.  Hablan bajito con mis padres.  Se ponen una sonrisa en la cara y me invitan a jugar.  Hablan de cualquier cosa, menos de mi hermano.

Cuando oí por primera vez que mi hermano habia muerto, pense que habia oido mal. No podia ser verdad.  Empeze a pregunatarle a distintas personas si habian visto a mi hermano ultimamente.  Despues de un tiem—po deje de preguntar.  Yo solo queria que mi hermano apareciera y les demostrara que estaban equivocados.  Yo queria que todo fuera un mal sueno.  Era como una pesadilla.

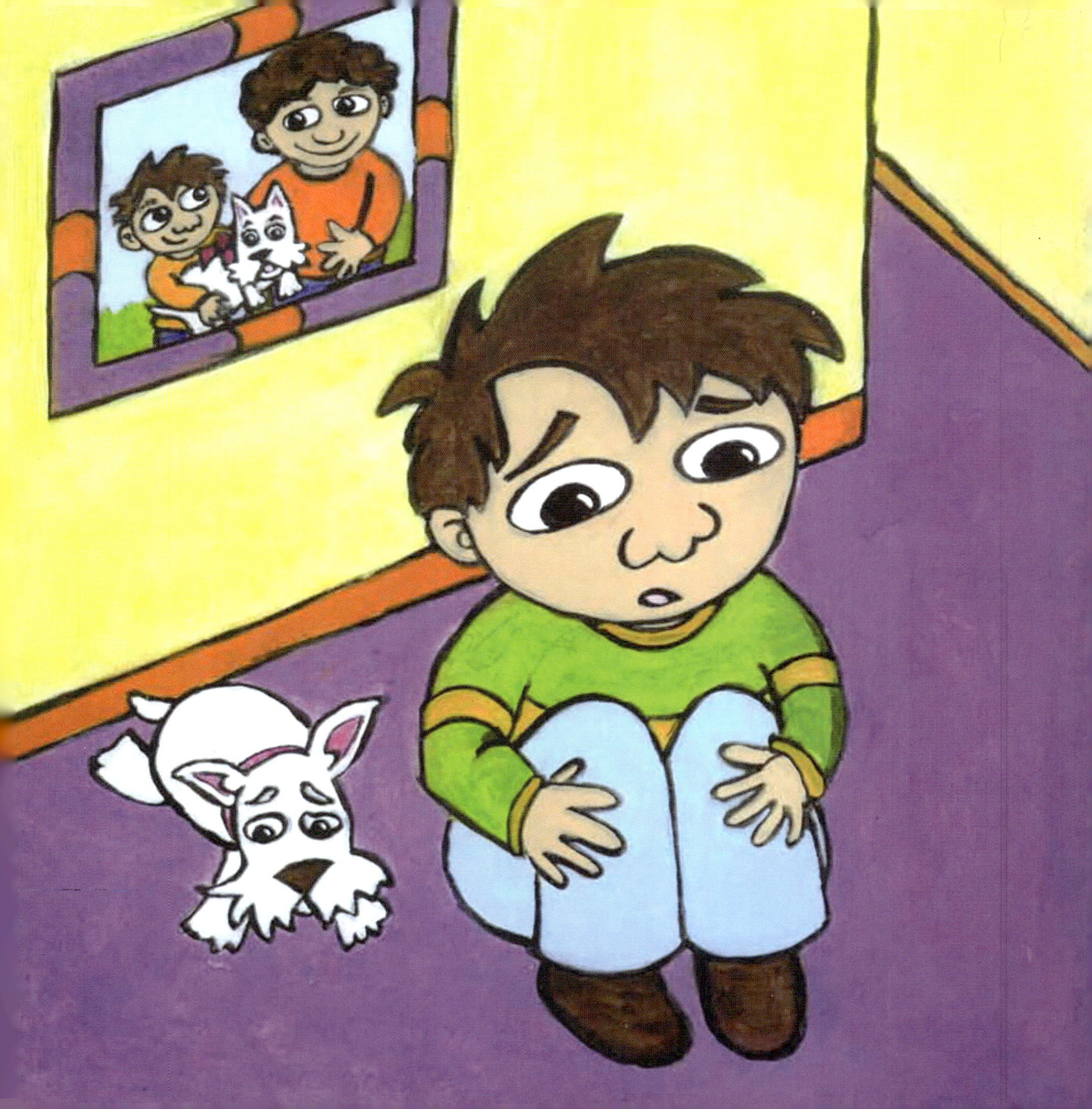

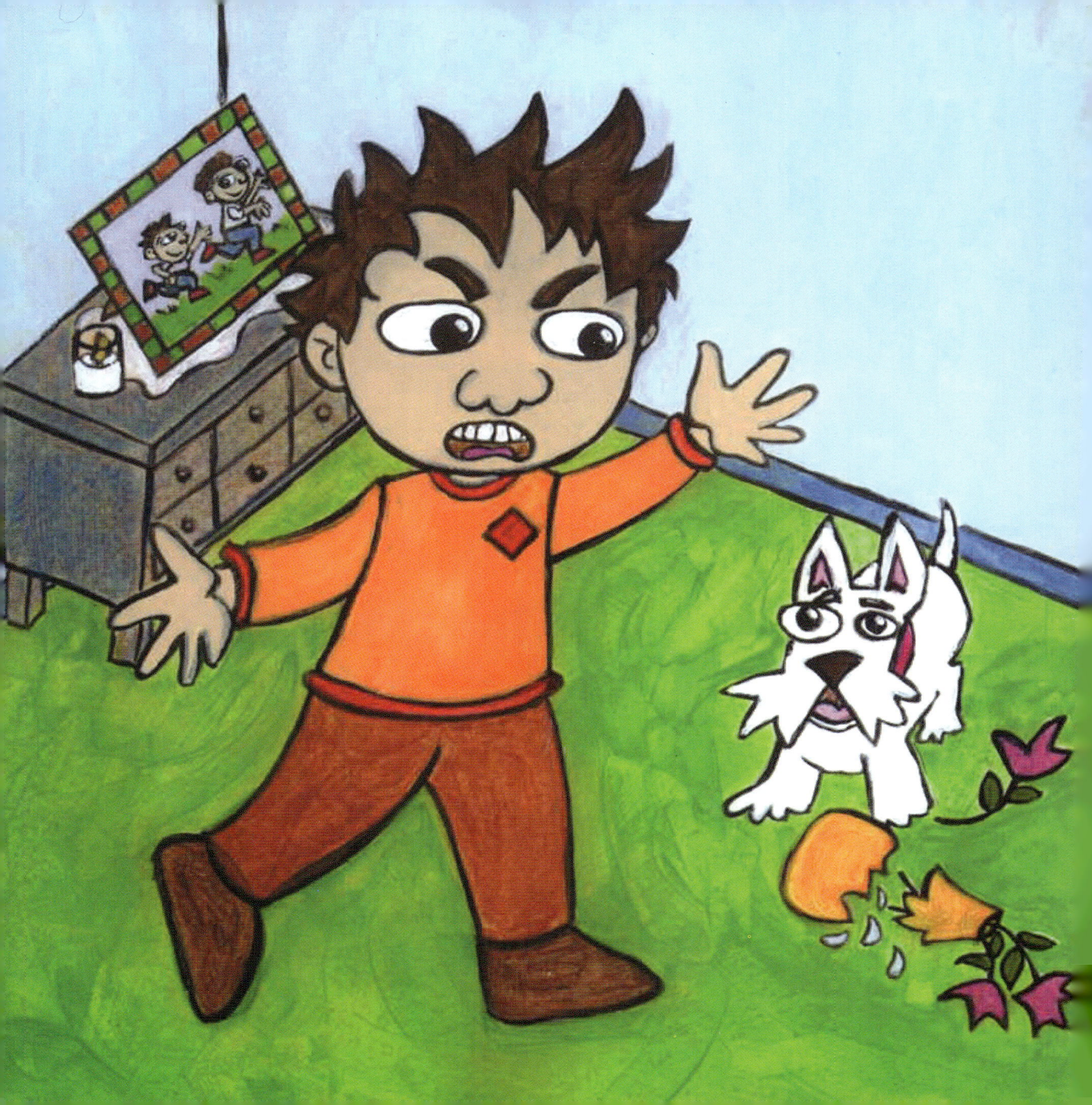

It wasn't a nightmare, though. My brother had really died. I got very angry. I'm still angry. I have a lot of questions. Why did my brother die? Couldn't anyone save him? It's not fair. My brother was only a kid, a good kid. He shouldn't have died.

Sometimes I feel I could've done something to keep my brother from dying. Maybe if I'd been with him. If only I hadn't been mad at him. At times I think I should've been the one to die. And I wonder if my parents feel this way too.

---

Pero no era una pesadilla. Mi hermano habia muerto en realidad. Me enoje mucho. Aun me enojo bastante. Tengo muchas preguntas. ?Por que murio mi hermano? ?No pudo salvarle nadie? No es justo. Mi hermano era apenas un muchacho, un buen muchacho. No debio haber muerto.

A veces siento que yo debi haber hecho algo para evitar que mi hermano muriera. Quizas si yo hubiera estado con el. Quizas si no me hubiera enojado con el. A veces pienso que debi haber muerto yo en lugar de el. Me pregunto si mis padres piensan lo mismo.

I've been crying a lot. I cry mostly when nobody's around. Sometimes thinking of my brother makes my chest hurt, my knees shake, and my eyes water. People say I look sad. Of course I'm sad!

Still at times I don't feel at all. Everything gets quiet inside me and my mind goes blank. I don't care about anything. I don't care about anyone. Nothing matters. What's the point of living if you can die anytime?

And sometimes I even feel normal and happy, like before my brother died. But mostly I feel mixed-up.

I've been getting headaches and stomachaches. I feel like staying in bed, at home. I don't want to miss school, but I don't want to go either. It's as if I want to be a baby again. Babies don't have to think or feel so bad, right?

---

He estado llorando bastante. Casi siempre lloro cuando no me ve nadie. A veces cuando pienso en mi hermano me duele el pecho, me tiemblan las rodillas, y se me aguan los ojos. La gente dice que luzco triste. !Pues claro que estoy triste!

Aun a veces no siento nada. Todo se calla dentro de mi, y mi mente se pone en blanco. Nada me importa. No me importa nadie. Nada es importante. ?De que vale la pena vivir, si podemos morir en cualquier momento?

A veces me siento normal, y hasta feliz, como antes de que muriera mi hermano. Pero casi todo el tiempo lo que siento es confusion. Me ha estado doliendo la cabeza y el estomago. Quiero quedarme en casa, en mi cama. No quiero faltar a la escuela, pero tampoco quiero ir. Es como si quisiera ser bebe otra vez. Los bebes no tienen que pansar o sentirse tan mal, ?cierto?

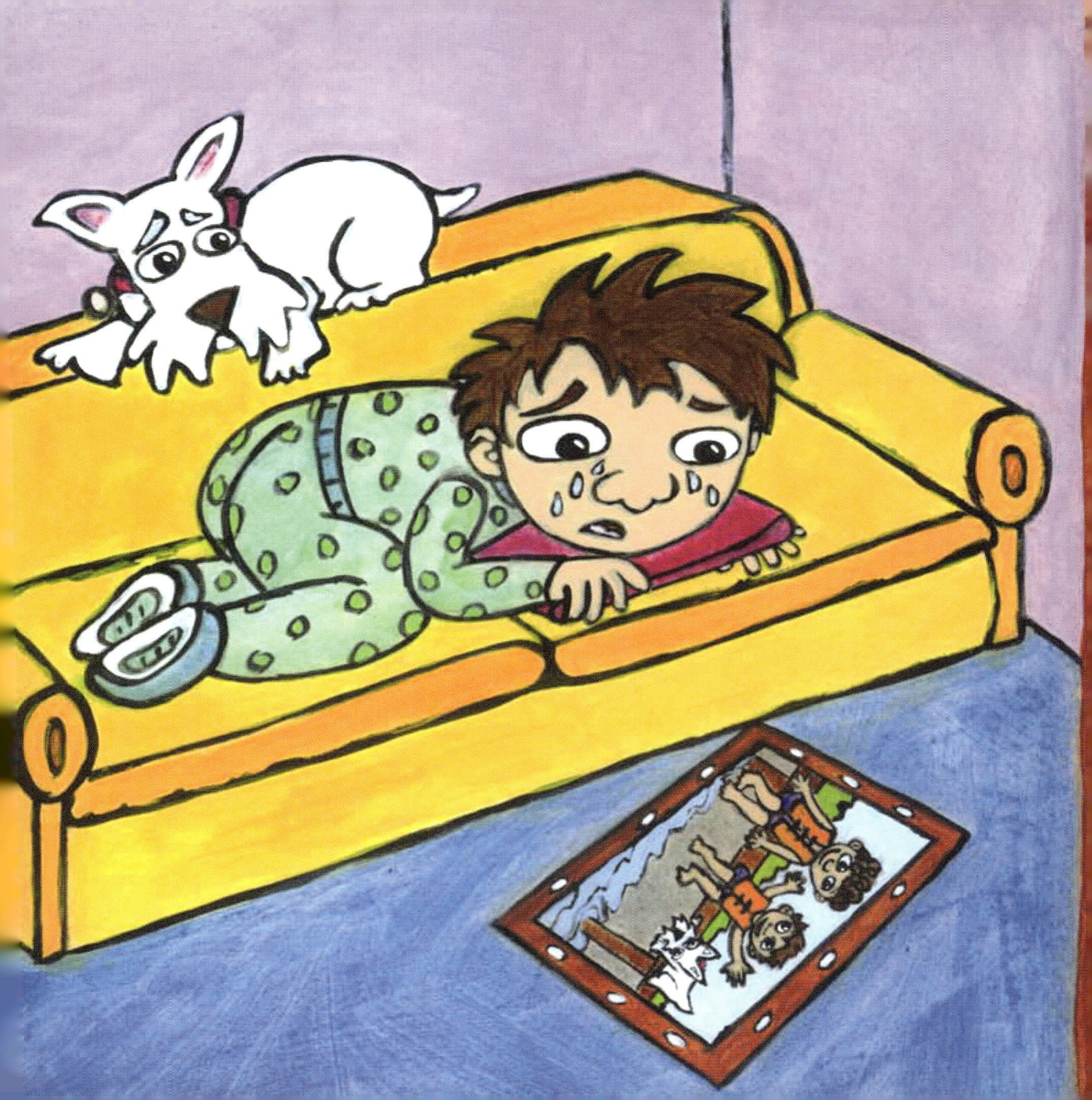

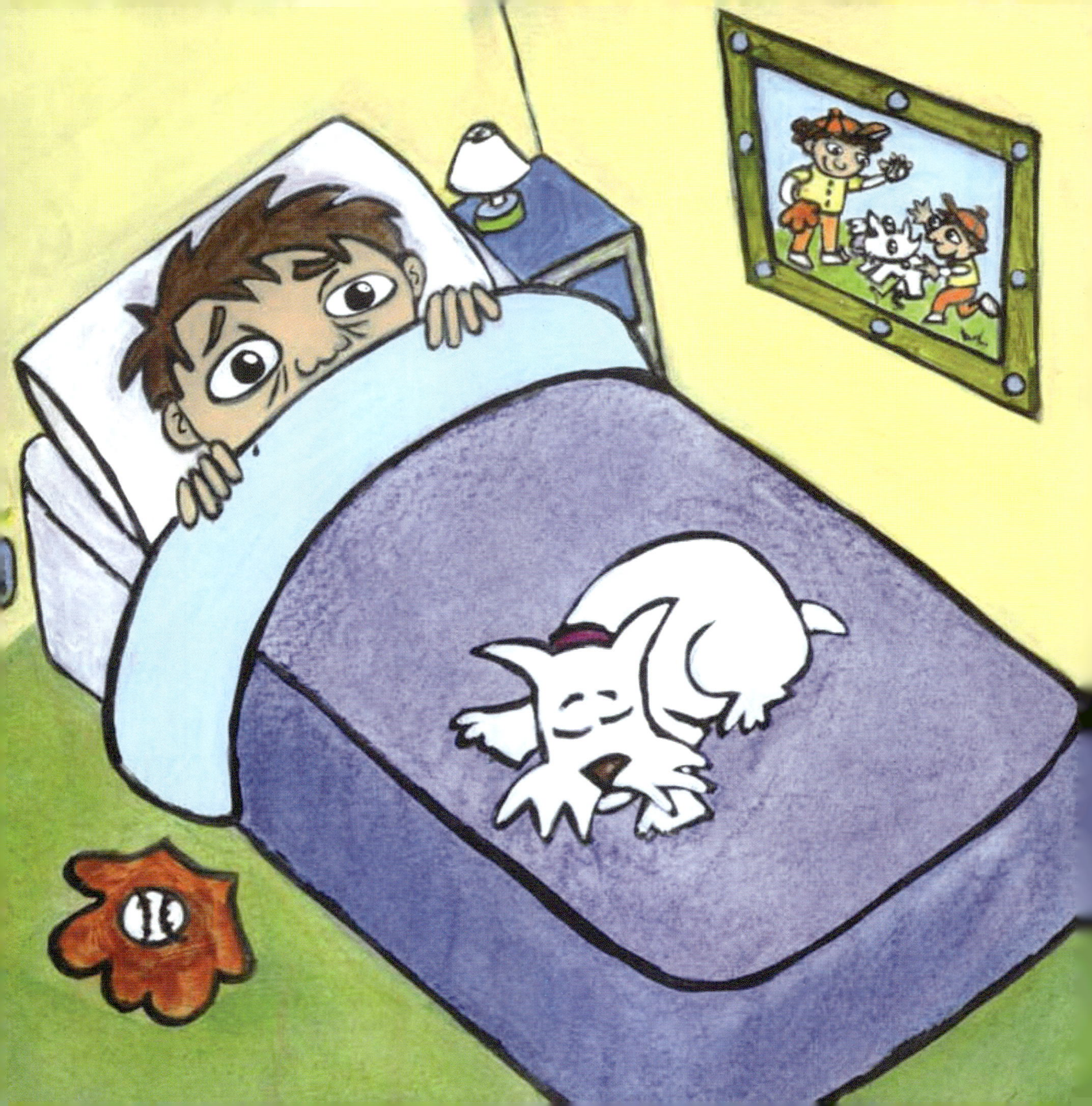

I'm more scared now than I used to be. I don't want to be by myself. I keep the lights on at night. I start thinking about ghosts and about death. When somebody gets sick or hurt, I'm afraid they're going to die.

I'm even afraid of forgetting my brother and what he looked like. When I see his clothes and all his stuff, I start remembering all kinds of things. I remember my brother and me playing catch. I remember sneaking in to borrow his baseball cap. Now I can wear his clothes and use his toys anytime I want. But I'd rather have him around, even if he wouldn't let me borrow anything. When I hear his favorite song, he's here again, singing out loud and dancing wildly to the music on the radio. I see him and hear him in my mind, of course. I guess my brother still sings and dances in my heart.

---

Tengo mas temores ahora que antes. No quiero estar a solas. Dejo las luces encendidas por la noche. Me da por pensar en fantasmas y en la muerte. Cuando alguien se enferma o se hiere, temo que vayan a morir.

Tengo miedo hasta de olvidarme de mi hermano y de como lucia. Cuando veo su ropa y sus cosas, me vienen a la mente muchos recuerdos. Me recuerdo de cuando jugabamos a la pelota. Recuerdo cuando yo tomaba prestada su gorra de beisbol. Ahora puedo ponerme su ropa y usar sus juguetes cuando quiera. Pero preferiria tenerle cerca, aunque no me prestara nada. Cuando oigo su cancion favorita, es como si estuviera aqui otra vez, cantando alto, y bailando gustosamente con la musica de la radio. Lo veo y lo oigo en mi mente. Sera que mi hermano aun canta y baila en mi corazon.

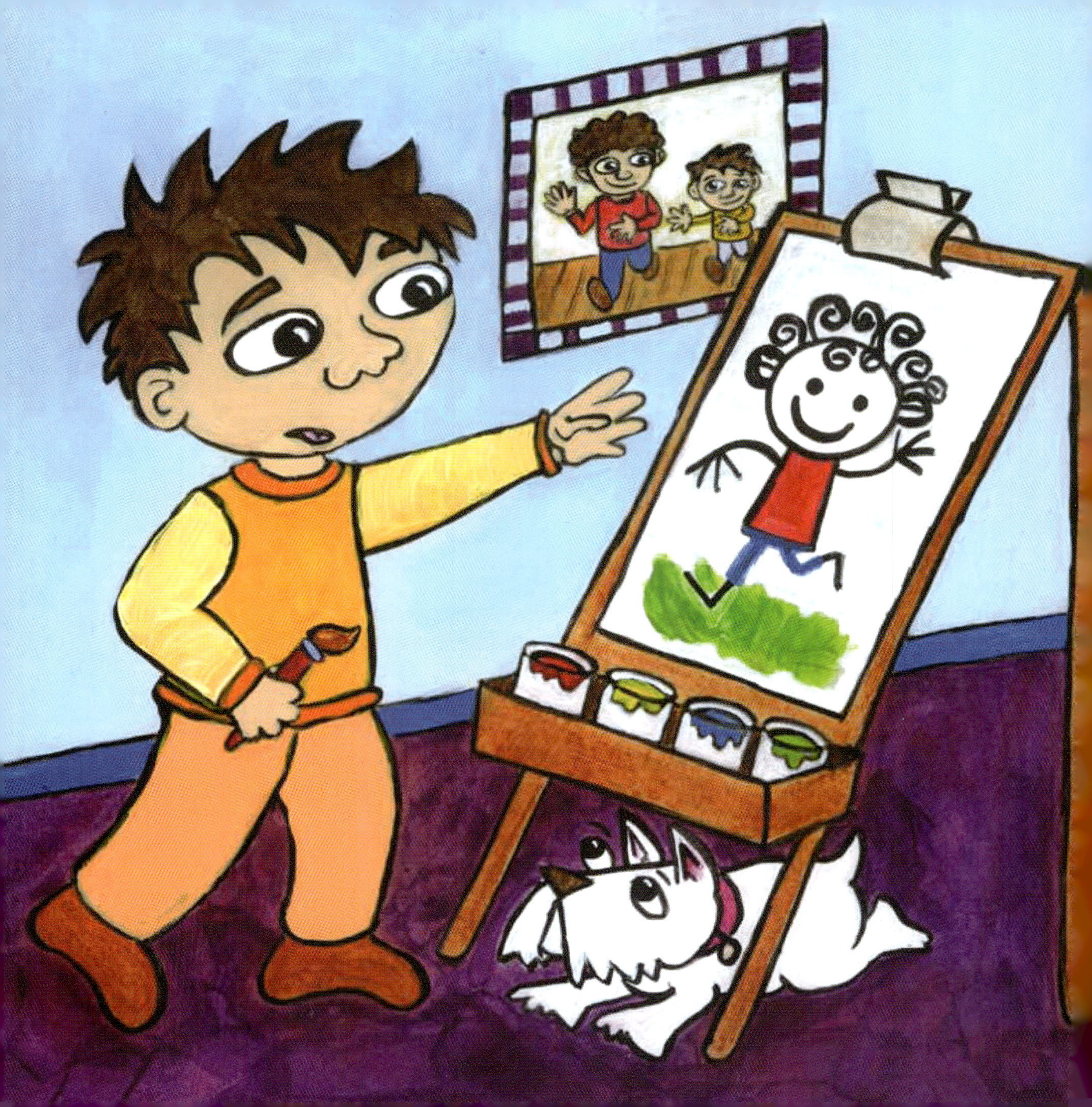

I spend a lot of time painting.  I painted my brother dancing.  My parents cry sometimes when I make pictures of my brother, but they say it's okay to cry and it's okay to paint.  They know painting does me good.  Sometimes I paint nice and neat.  Other times I like to paint all messy.  I feel better when I paint.

Yes, my brother is gone.  He died.  Some people say he's "passed on."  I don't know passed on what.  Other people say he's "in a better place."  I don't know where's that.  I heard somebody say that he's "resting now."  But I know my brother wasn't tired.  It seems people make things up when they don't know what else to say.

---

Ahora me paso el tiempo dibujando y pintado.  Hice un dibujo de mi hermano bailando.  A veces mis padres lloran cuando hago dibujos de mi hermano, pero me dibujos que llorar es bueno, y que es bueno que yo pinte.  Ellos saben que me hace bien pintar.  A veces pinto bonito y con cuidado.  Otras veces quiero hacer emabarres con la pintura.  Me siento major despues de pintar.

Si, mi hermano se ha ido.  Ha muerto.  Algunos dicen que ha "pasado a mejor vida."  Yo no se a donde ha pasado.  Otros dicen que "esta en un buen lugar."  Yo no se donde es ese lugar.  Escuche a alguien decir que ahora mi hermano "esta descansando."  Pero yo se que mi hermano no estaba cansado.  Parece que la gente se inventa cosas cuando no saben que mas decir.

Yes, my brother is gone, and I'm still here.  Sometimes I get confused, angry, scared, and I hurt all over again.  Sometimes I have happy memories that make me smile.  I'm alive here.  My brother is alive in my heart.  My life goes on.  It's a good life.  And I'll keep on painting happy memories, and all my feelings.

●━━━━━━━━━━━━━━━━━━━━━━━━━━━━━━●

Si, mi hermano se ha ido, y yo aun estoy aqui.  A veces con confusion, con coraje, con temores, y con dolor.  A veces tengo Buenos recuerdos que me hacen sonreir.  Yo vivo aqui.  Mi hermano vive en mi corazon.  Mi vida sigue.  Es una Buena vida.  Y yo seguire pintando Buenos recuerdos, y todos mis sentimientos.

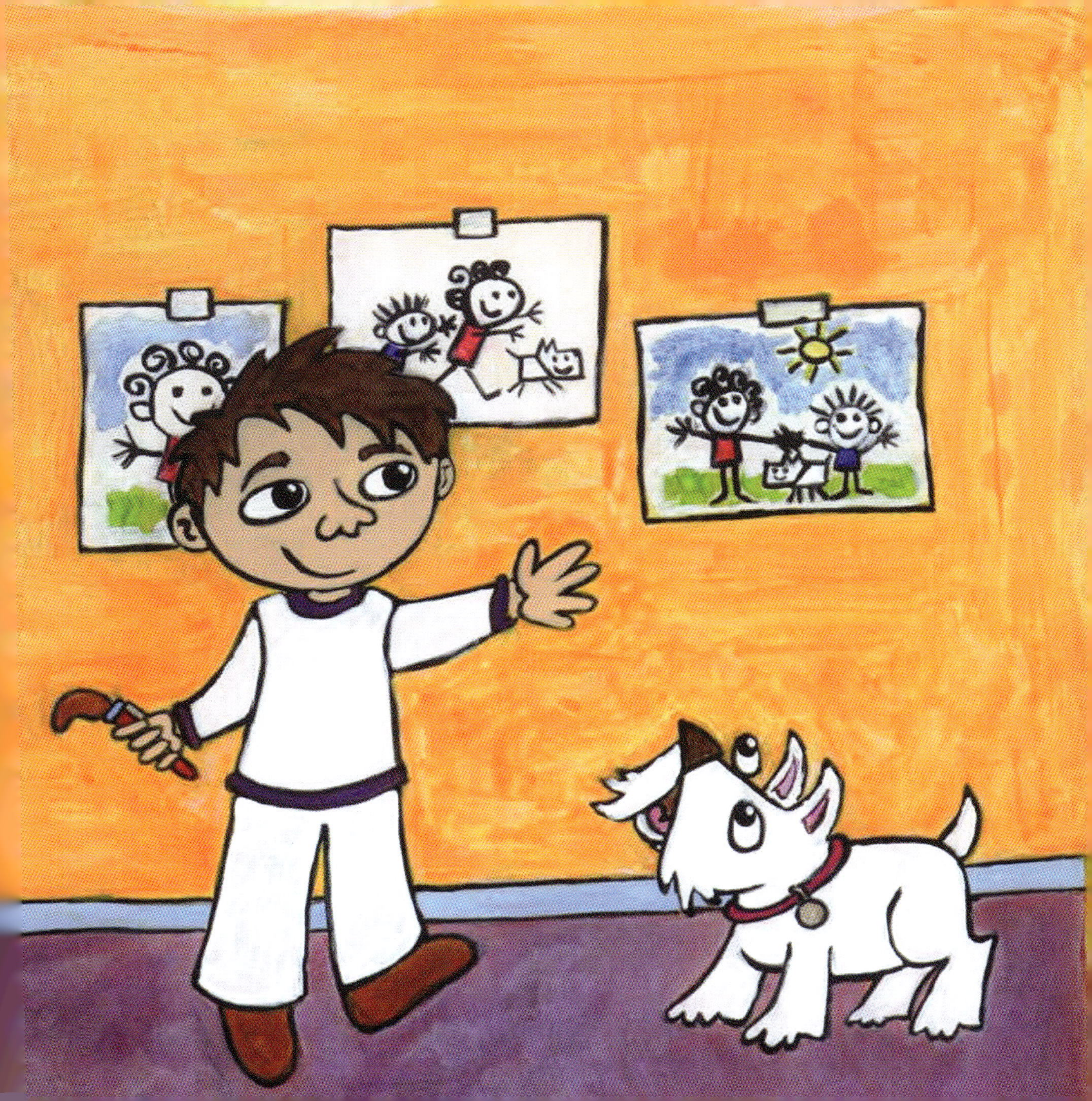

# Una Nota para Padres de Familia y otros Encargados de Niños

La muerte de un niños es una de las experiencias mas difíciles y dolorosas que una familia pueda enfrentar. Cuando muere un niño, sus padres a menudo se sienten físicamente debilitados, mentalmente confundidos, y emocionalmente sobrecargados. Tambíen se sienten así los hermanos del niños fallecido, aún si lo demuestren de maneras diferentes.

Esforzándoes por proteger a los niños sobrevivientes de la pena que trae la pérdida de un ser querido, muchos padres de familia y otros adultos bein intencionados no responden a los hermanos de maneras que ofrezcan apoyo y ayuda.

Por ejemplo, los padres quizás se sienten particularmente preocupados por la seguridad de los niños sobrevivientes, y pueden actuar de manera sobreprotectora, hasta el punto de restringir las actividades normales de los niños. Esta respuesta es de ent enderse, pero les comunica a los niños una sensacíon de miedo e inseguridad. Generalmente es preferible mantener la rutina de los niños lo más estable posible.

Sin embargo, el actuar como si nada hubiera pasado es otro error que se comete con los niños sobrevivientes. Si los adultos se ponen "sonrisas falsas" y evitan hablar con los niños sobre el hermano fallecido, los ninos pueden aprender a cubrir y "tragar" sus propias emociones. Los niños tienden a sequir el ejemplo de los adultos. Si los padres comienzan la conversación, los niños probablemente se abrirán y comunicarán sus preguntas, ensamientos, y sentimientos sobre la muerte del hermano.

En este cuento demostramos algunas de las maneras más comunes con que los niños responden a la muerte de un hermano: negación, coraje, cula, tristeza, insensibilidad, confusión, síntomas físicos, evitar la escuela, comportaamientos inmaduros, y temores. Tambíen pueden haber períodos en los que los niños parecen "estar bien." Es importante recordar que, como individuos, cada niño tendrá su experiencia única. Como adultos debemos permitirles senirse tal como se sientan, y proveerles oportunidades para expresar sus experiencias de maneras que promuevan sanacíon.

Existen muchas maneras conducentes a la sanacíon para los niños, tal como es asi para los adultos. Algunos niños, como en el cuento, se inclinarán hacia las artes expresivas, tales como la pintura, trabajar con barro, o tocar instrumentos musicales. Otros preferirán actividades físicas, como los deportes o el baile. Aún otros escribirán calladamente en un diario, harán manualidades, o construirán modelos, rompecabezas, o experimentos de ciencia. De hecho, el juego es el lenguaje y el trabajo de los niños pequeños, y es a través del juego que resuelven los problemas en sus vidas, incluyendo aquellos relacionados a la pérdida de un ser querido.

El llevar a cabo rituales también puede ayudar a los niños que han sufrido una pérdida. Es recomendable que los padres de familia consideren incluir a los niños en las ceremonias o rituales que su familia, cultura, o religión observe o practique.

Otra manera de facilitar el proceso de luto en los niños es preguntándoles qué preguntas tienen, y respondiendo a éstas de acuerdo a su edad y nivel de entendimiento, y siempre honestamente. A veces la mejor respuesta es "En verdad no sé." Para ayuda sobre cómo lidiar con las preguntas y difficuultades de los niños que están sufriendo una pérdida, los padres de famlia y otros adultos interesados puenden consultar a líderes religiosos y a consejeros profesionales.

Es muy importante que todos los miembros de la familia reciban atención y apoyo a través del largo y complicado proceso de sanar el dolor causado por la pérdida de un ser querido.

## Una Nota para Maestros y Consejeros:

La relacion filial (entre hermanos) ew una de las mas significativas en la vida de una persona, particularmente durante los anos formatives de la ninez.  La muerte de un hermano tiene un impacto fuerte en el desarrollo y estado psicologico de los hermanos sobrevivientes.  Puede afectar su sentido de seguridad personal, su disposicion para apegarse emocionalmente, y su habilidad para concentrarse en su trabajo escolar.

Los maestros y consejeros pueden ayudar a lo largo del proceso de luto a apoyar al nino que ha sufrido la perdida de un ser querido.  Pueden ofrecerle al nino oportunidades de "hablar sobre el asunto" en clase, en privado, y/o en grupos con otros ninos con experiencias similares.  Pueden recomendar e implementar las modificaciones educacionales que sean necesarias.  Tambien pueden buscar asistencia para la familia si los padres en su propia pena u otros adultos encargados no estan atendiendo a las necesidades basicas del nino apropiadamente.  Pueden usar libros como este, proveyendole al nino con ejemplos de algunas reacciones comunes a la muerte de un hermano, y alentandole a expresar su propia experiencia.

Si el luto del nino parece complicado, si hay senales de depression clinica, y/o si el nino parece tan afectado como para enolverse en comportamientos auto-destructivos o actos de violencia, recomendamos que el nino sea evaluado por profesionales de salud mental califacados.

## About the Author

Marisol Muñoz-Kiehne, PhD is a licensed Clinical Psychologist who focuses on the well being of children and families through parenting classes and speeches, psychotherapy, training of therapists, and outreach through mass media. Also known as "Doctora Marisol," she hosts the "Nuestros Niños" radio program, the www.nuestrosninos.com website, and writes columns for printed and online publications. She has taught at several universities and consults with community agencies. Having enjoyed picture books in her childhood and valuing the use of stories for healing and growth, she has published two bilingual books for children and contributes to magazines and books for children and adults.

# About the Illustrator

Susanna Pitzer writes and illustrates books for children. Her recent work includes Golden Kite and 2007 Kansas Notable Book winner, "Not Afraid of Dogs" and "Grandfather Hurant Lives Forever." She has also written many plays for children, including, "Grimm Sisters" and "Can You Hear the Talking Dog?"

Susanna lives in New York City, and enjoys being able to spend a nice chunk of the year in her home state of Kansas.

To learn more about Susanna, visit her website: www.susannapitzer.com

Memories Live
Forever
In Your
Heart

In Memory of Your Brother or Sister

CENTERING CORPORATION
AND
GRIEF DIGEST MAGAZINE
GRIEF RESOURCES